Filosofia para crianças

De criança para crianças

Era uma vez!

Não devemos mentir nunca!

História para colorir!

Por: Bernardo Octaviano Pereira

Este livro pertence a:

____

Eu dedico essa obra, primeiramente para os meus pais que eu tanto amo, para minhas professoras, para minhas tias de coração e para todos os meus amigos, Deus que abençoe a todos infinitamente!

Bernardo Octaviano Pereira

16/03/2024

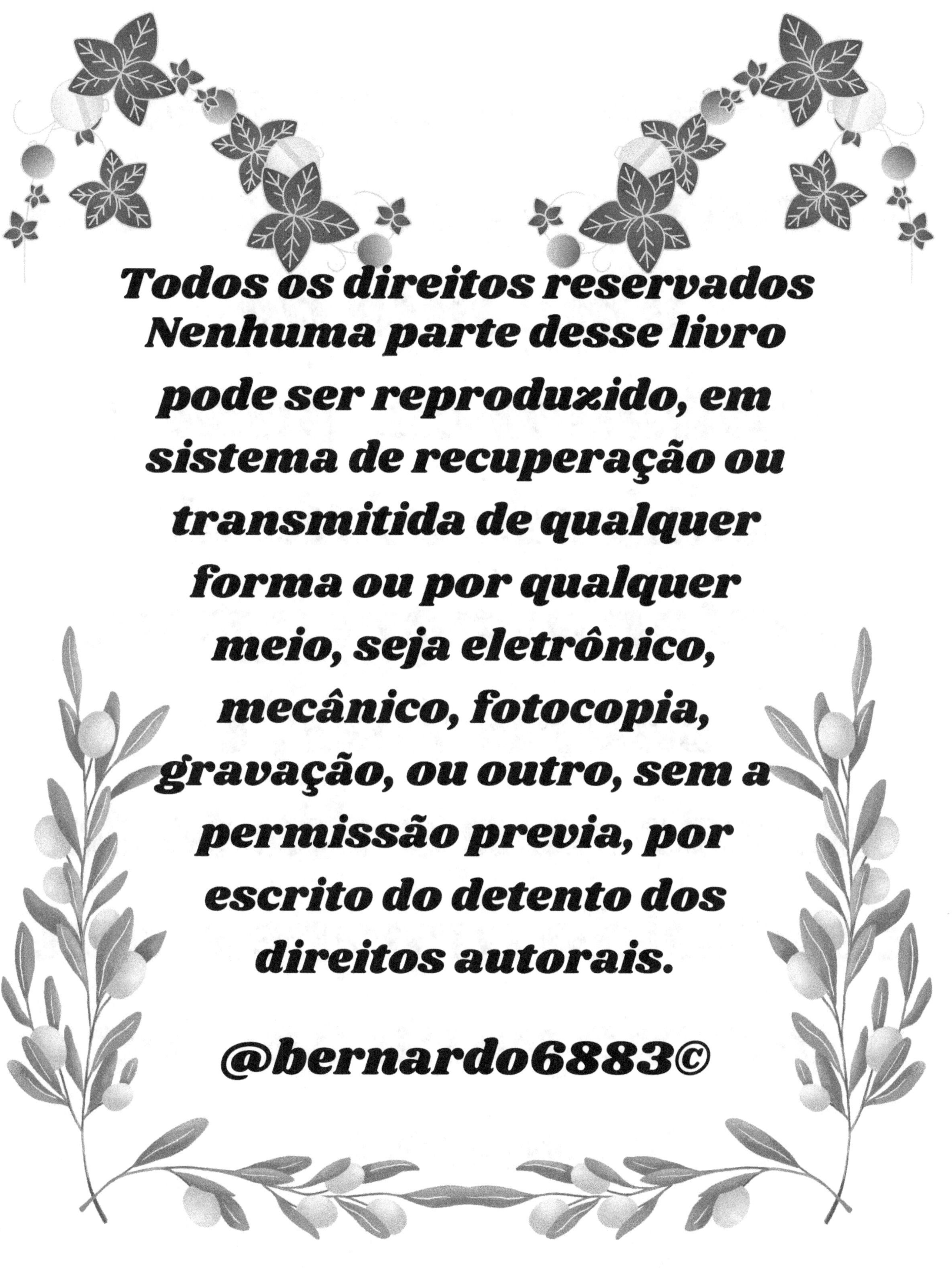

Era uma vez, não muito longe daqui, em uma vila de lenhadores, onde a maioria vivia de cortar arvores para sobreviver, e passavam o dia todo cortando arvores, que servia para várias coisas;

Nesta vila, havia também um garotinho muito peralta, bagunceiro e, infelizmente, muito mentiroso. Ele adorava pregar peças nos lenhadores, interrompendo suas tarefas importantes.

O garotinho costumava ir até onde os lenhadores estavam trabalhando e começava a gritar bem alto;
- Socorro é o lobo, socorro o lobo vai me pegar;

Os lenhadores, preocupados com a segurança do menino, largavam tudo e corriam para salva-lo. No entanto, quando chegavam lá,

não havia lobo algum, e o menino ria da situação. Os lenhadores depois de darem broncas serias, voltavam ao trabalho.

No outro dia o menino estava lá pregando peça nos lenhadores de novo;

- E o lobo, socorro o lobo vai me pegar, socorro;

Novamente, os lenhadores, preocupado com a segurança do menino, abandonavam suas tarefas e corriam para ajudar. Porém, ao chegarem,

não encontrava nenhum lobo, apenas o menino rindo deles. As broncas se repetiam, mas os lenhadores retornavam a árdua tarefa de cortar lenha.

Contudo, num outro dia, o menino, em suas brincadeiras habitual, começou a gritar novamente:

-Socorro é o lobo, o lobo vai me pegar, socorro, só que dessa vez, para a surpresa de todos um lobo real apareceu. O menino num desespero genuíno, gritava por socorro.

Infelizmente, os lenhadores, desconfiados pelas mentiras anteriores, não foram ao seu auxilio, acreditando que era mais uma brincadeira.

O lobo, sem ser contido, acabou atacando o menino de verdade. A trágica lição dessa história e clara:
Não minta nunca, se você mentir, e se um dia você falar a verdade, ninguém vai acreditar em você.

A trágica lição dessa história é clara: nunca minta. Se você se acostuma a mentir, quando falar a verdade, ninguém acreditara em você.

A sinceridade é valiosa e constrói a confiança, enquanto a mentira pode ter consequências inesperadas e triste. Que essa fabula nos inspire a ser honesto em todas as situações

Fim

www.ingramcontent.com/pod-product-compliance
Lightning Source LLC
Chambersburg PA
CBHW081025260726
48662CB00026B/3142